Barbara Kemper

Perlenschmuck mit Wire-Wire

ENGLISCH VERLAG

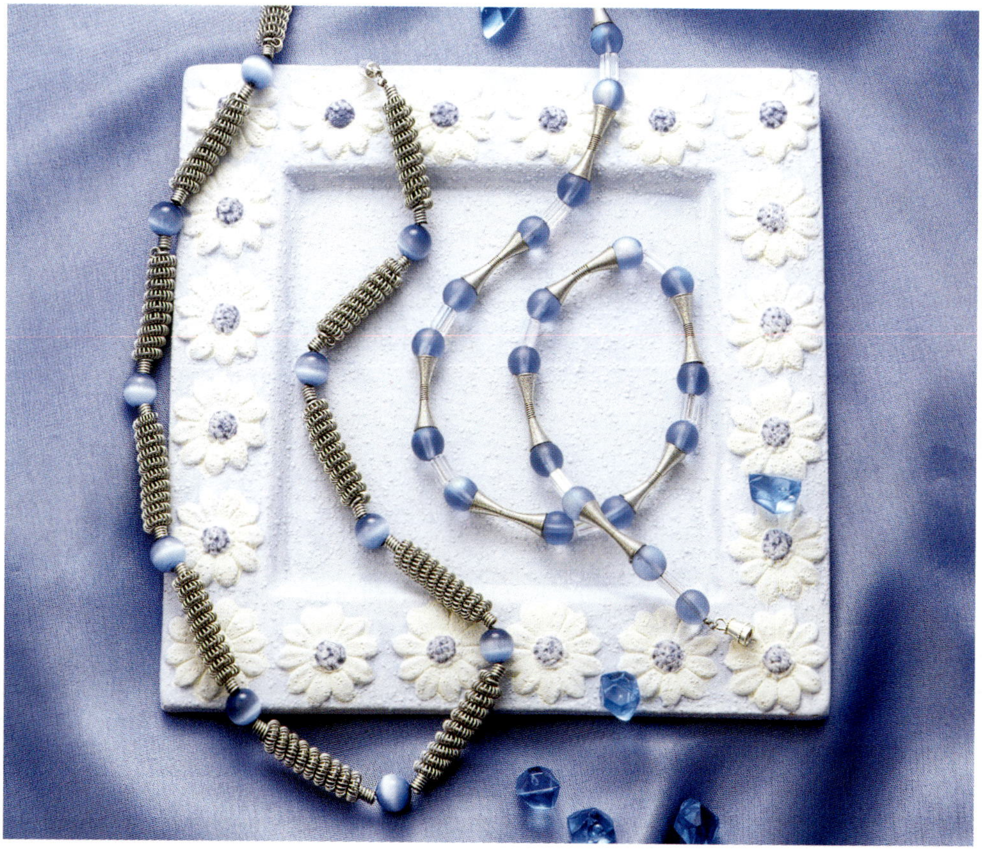

Die Deutsche Bibliothek – CIP-Einheitsaufnahme
Perlenschmuck mit Wire-Wire / Barbara Kemper. – Wiesbaden: Englisch, 2001
ISBN 3-8241-1107-1

ISBN 3-8241-1107-1

Fotos: Frank Schuppelius
Herstellung: Michael Feuerer
Printed in Italy

Die Ratschläge in diesem Buch sind von der Autorin und dem Verlag sorgfältig erwogen und geprüft, dennoch kann eine Garantie nicht übernommen werden. Eine Haftung der Autorin bzw. des Verlages und seiner Beauftragten für Personen-, Sach- und Vermögensschäden ist ausgeschlossen.

Inhaltsverzeichnis

Vorwort 5

Wire-Wire und Ready-Wire 6

Material und Werkzeug 6

Grundanleitung zum Drehen der Spiralen 7

Spiralen mit Perlen 8

Tipps 8

Alles Ready? 9
Kette und Armband 9
Ohrringe 9

Adel verpflichtet 10
Goldblaue Kette mit Katzenaugen 10
Goldblaue Kette mit Sicherheitsnadeln 10

Die Farbe Lila 12
Kette mit Rohrperlen und Rocailles 12
Haarspange 13
Kette 13
Kette mit Katzenaugen 14

Blue System 15
Blausilberne Kette . . . 15

Alles in Brombeer! 16
Spiralarmband 16
Ohrringe 16
Kette 16

Enorm in Form 18
Kette mit Dreiecken 18
Kette mit drei Knoten 18
Kette mit fünf offenen Spiralen . . . 20

Regenbogen 21
Spiralarmband 21
Haarspange mit Stiftperlen 21
Kette mit bunten Rocailles 22
Kette mit bunten Stiftperlen 22

Irisch 24
Grüne Kette 24
Grüne Kette mit Bernsteinknoten . . 24

Schneewittchen 26
Ohrringe 26
Rote Kette 27
Rotweiße Kette mit schwarzen Sicherheitsnadeln 27
Armband Rot-Weiß-Schwarz 28

Cool Blue 29
Silberblaue Kette mit Katzenaugen 29
Ready-Wire-Kette 29
Kette mit Sicherheitsnadeln 30
Armband 30

Vorwort

Draht ist für die Gestaltung von Schmuckstücken aus Perlen unentbehrlich. Doch man kann viel mehr mit ihm machen, als die Perlen bloß auf ihn aufzufädeln.
Die Wire-Wire-Technik, die ich Ihnen in diesem Buch vorstellen und zeigen möchte, schafft die Möglichkeit, den Draht selbst zum Schmuckelement zu machen. Man kann das gesamte Schmuckstück damit gestalten oder die Technik mit Perlen kombinieren. Auch die Sicherheitsnadeltechnik kann mit eingearbeitet werden. Die Kombinationsmöglichkeiten sind fast unendlich, bedingt durch die vielen verschiedenen Farben und Stärken des Drahts sowie die Vielzahl an Perlen, die es gibt.
Hier finden Sie einige grundsätzliche Tipps, wie Wire-Wire gearbeitet wird, sowie Vorschläge für Schmuckideen. Sie können sie ausprobieren, farblich abwandeln oder als Anregungen für ganz eigene Kreationen verstehen – ich wünsche Ihnen auf jeden Fall viel Spaß beim Drehen, Fädeln und Kombinieren!

Barbara Kemper

Wire-Wire und Ready-Wire

Wire-Wire ist eine Technik, bei der man farbigen Draht (14 Farben, 3 Stärken) zu Spiralen dreht, die man dann zu Modeschmuck verarbeiten kann, entweder allein oder in Kombination mit Perlen und der Perlen-Sicherheitsnadeltechnik. Auch in die Spiralen selbst lassen sich Perlen einarbeiten, was besonders auffällige Effekte bewirkt. Außerdem gibt es im Fachhandel **Ready-Wire** zu kaufen. Hier wurde der Draht bereits zu fertigen Schmuckelementen gedreht, die man dann nur noch in die eigenen Schmuckstücke einfädeln muss, genauso wie Perlen. Auch Ready-Wire gibt es in vielen Farben und Formen.

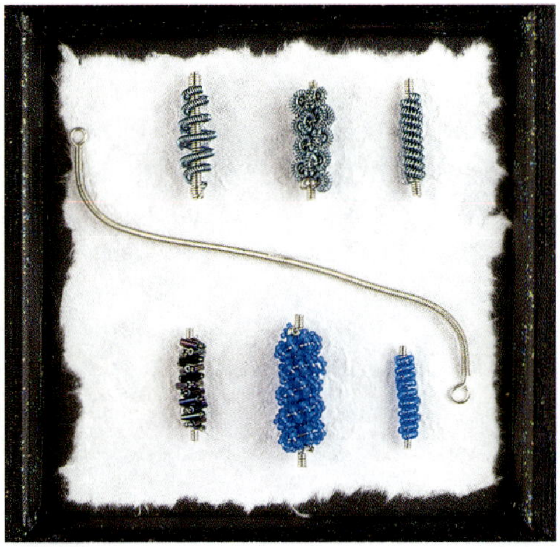

Material und Werkzeug

- Metalldraht in 14 Farben und 3 Stärken
  0,45 mm (26 gauge)
  0,70 mm (22 gauge)
  1,20 mm (18 gauge)

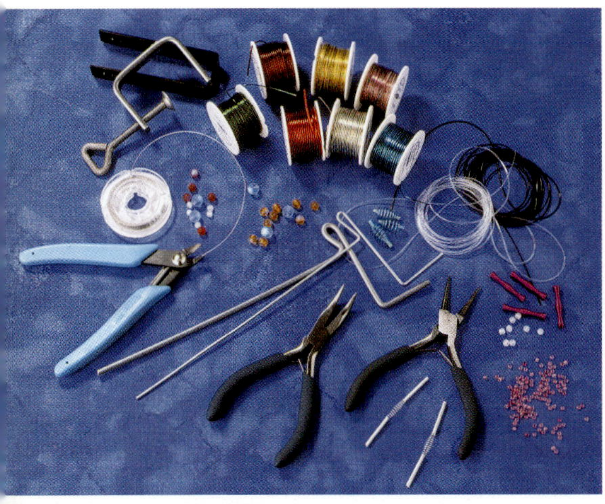

- Ready-Wire-Spiralen
- Wire-Winder (Gerät, um die Drahtspiralen zu drehen)
- Tischklammer
- Sicherheitsnadeln in verschiedenen Größen
- Verschlüsse und Ohrhaken
- Quetschperlen
- Elastischer Perlonfaden (Gummischnur 0,8 mm)
- Nylon-ummantelter Draht (nylon coated)
- Verschiedene Perlen
- Rundzange zum Biegen der Ösen
- Gekrümmte Flachzange
- Kleine Kneifzange
- Feine Feile oder Schmirgelpapier

Weitere Materialien können Sie bei den einzelnen Schmuckideen finden.

Grundanleitung zum Drehen der Spiralen

Der **Wire-Winder** hat einen Halter, den man auf eine Holzplatte schrauben oder mit einer Tischklammer befestigen kann. Zum Winder gehören ein dicker und ein dünner Stift.

Nehmen Sie als Erstes einen 0,45 mm starken Draht, und befestigen Sie diesen an der Schlaufe des Stiftes. Jetzt drehen Sie den Stift, und halten Sie den Draht dabei stramm. So erhalten Sie die **Grundspirale**. Sollten die Spiralen ungleichmäßig werden, haben Sie den Draht zu locker gehalten.

1

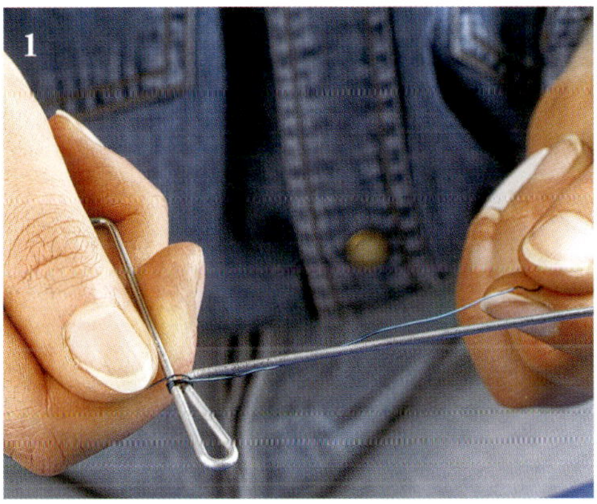

Um aus der Grundspirale **eine einfach gedrehte Spirale** herzustellen, ziehen Sie die Grundspirale noch einmal auf Draht (je nach Festigkeit auf 0,45 mm oder 0,70 mm). Diesen Draht befestigen Sie wiederum am Winder und schieben dann die Grundspirale ganz nach oben, bis sie fest am Stift anliegt. Beginnen Sie nun mit 4 Umdrehungen (Schlägen), und drehen Sie dann die Spirale um den Stift. Ist die Grundspirale zu Ende, machen Sie wieder 4 Schläge. Dann können Sie die Spirale vom Stift ziehen.

Nach demselben Prinzip kann man auch die **zweifach gedrehte Spirale** herstellen.

Hier wird die einfach gedrehte Spirale auf einen 0,7 mm starken Draht aufgezogen und dieser am Winder befestigt.

Die Spirale wird bis zum Stift hochgeschoben und stramm gehalten. Beginnen Sie wieder mit 4 Schlägen, und drehen Sie dann weiter, um anschließend wieder mit vier Schlägen aufzuhören.

Für die vierte Variante, die **offene Spirale**, sollten Sie schon etwas Übung haben.

2

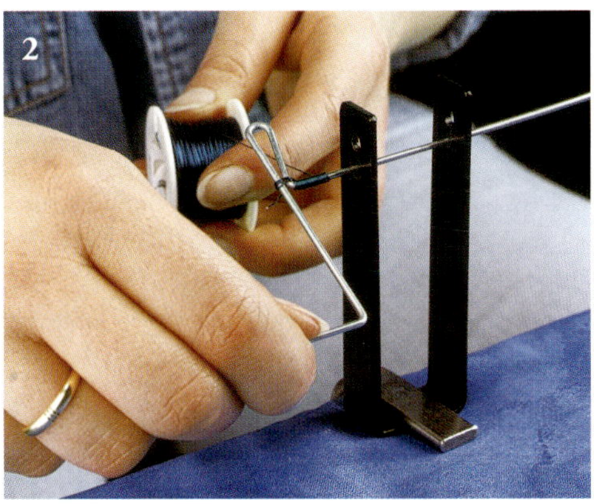

3

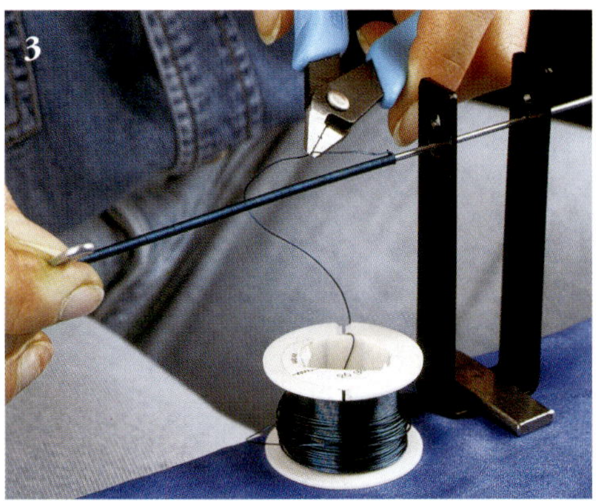

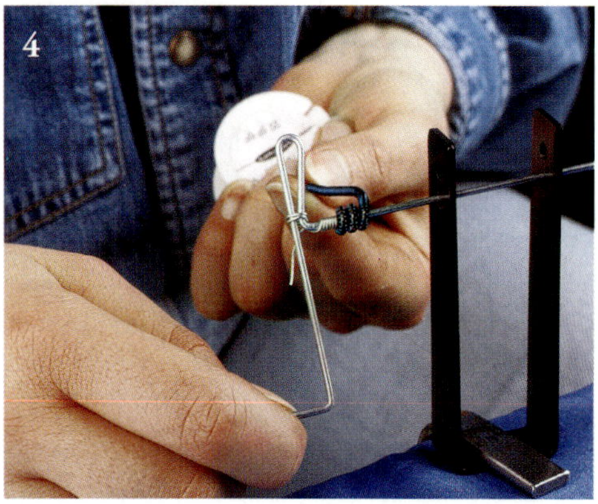

Für eine 3 cm lange Spirale benötigen Sie eine Grundspirale von 7 cm Länge. Nun drehen Sie eine weitere Grundspirale von 3 cm Länge, nehmen diese aber nicht vom Stift ab. Ziehen Sie die 7 cm lange Spirale auf einen 0,7-mm-Draht, befestigen diesen am Stift, machen 4 Schläge und drehen dann die Grundspirale locker um den Stift mit der Spirale. Beenden Sie dann wieder mit 4 Schlägen. Biegen Sie die offene Spirale mit der Hand in Form.

Spiralen mit Perlen

Bevor Sie die Spiralen drehen, müssen Sie Perlen auf den 0,45 mm oder 0,7 mm starken Draht auffädeln. Sie beginnen dann wieder mit 4 Schlägen, schieben die Perlen fest nach oben und enden wieder mit 4 Schlägen. Wenn Sie mit Rohrperlen arbeiten, lassen Sie den Draht etwas lockerer, sonst platzen die Perlen. Auf der Abbildung 5 sehen Sie eine Grundspirale mit Rocaille-Perlen gearbeitet. Für die einfach gedrehte Spirale müssen Sie eine Grundspirale mit Perlen von 12 cm Länge herstellen. Davor wurden 60 cm Perlen aufgefädelt.

Tipps

- Wenn Sie mehrere kleine Grundspiralen benötigen, machen Sie eine lange Spirale und schneiden sich die kurzen Stücke dann zu. Das erspart eine Menge Zeit und Material.
- Das gleiche können Sie auch bei der einfach gedrehten Spirale machen, aber Vorsicht, Sie müssen die Anzahl der Schläge beachten.
- Beim Abkneifen der Spiralen achten Sie auf spitze Kanten. Man kann sich leicht daran verletzen oder sich Fäden aus der Kleidung ziehen.
- Wenn Sie Sicherheitsnadeln verarbeiten, achten Sie bitte darauf, dass diese am Verschluss gut zugekniffen sind.

Alles Ready?

Kette und Armband

Material
- 6 Ready-Wire-Spiralen in Kupfer und Schwarz
- Frostperlen, 4 mm, 6 mm, 8 mm, in Bernstein
- Gummiband, 0,8 mm, in Schwarz

Anleitung
Die großen Spiralen ziehen Sie vorsichtig auseinander und schieben die 8-mm-Perle hinein. Nun fädeln Sie die Perlen und Spiralen in beliebiger Reihenfolge auf das Gummiband auf. Achten sie darauf, dass die Perle in der Spirale mit aufgefadelt wird. Am Ende wird das Gummiband gut verknotet.

Kette

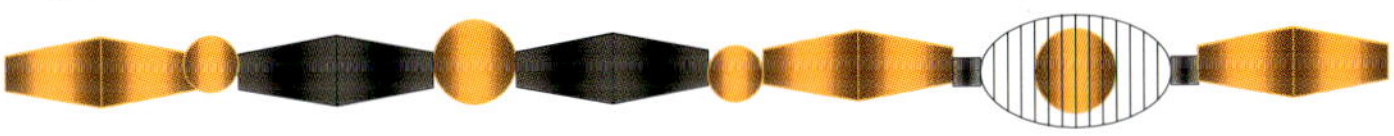

Muster wiederholen, bis gewünschte Länge erreicht ist.

Armband

Ohrringe

Die Ohrringe werden mit diesen Elementen beliebig bestückt.

Material
- Draht, 0,45 mm, in Kupfer
- Ready-Wire-Spiralen
- Verschiedene Perlen
- Ohrhaken

Anleitung
Pro Ohrring benötigen Sie 30 cm Draht, den Sie zur Hälfte mit Perlen und Spiralen bestücken. Schieben Sie diese bis zur Mitte, sodass Sie zwei gleich lange Drahtstücke erhalten. Verdrehen Sie diese, und ziehen Sie noch zwei Teile auf das Stück.

Biegen Sie aus dem Rest des Drahts eine Öse, und schieben Sie die beiden Enden durch die beiden zuletzt aufgezogenen Teile zurück. Falls noch ein Stück Draht übrig bleibt, kneifen Sie diesen ab.

Adel verpflichtet

Goldblaue Kette mit Katzenaugen

Material

- Draht, 0,45 mm, 0,7 mm und 1,2 mm, in Gold
- Katzenaugenperlen, 8 mm
- Verschluss

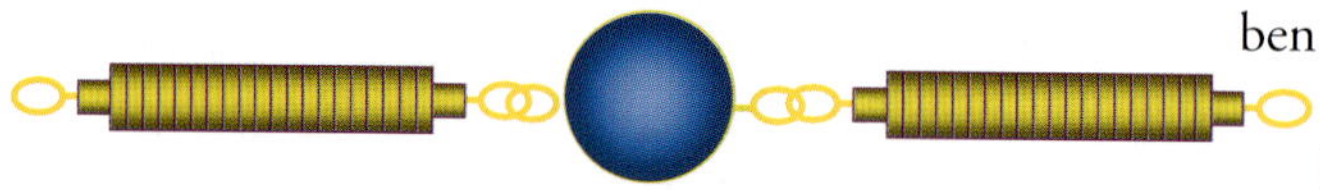

Anleitung

Arbeiten Sie eine einfach gedrehte Spirale wie in der Grundanleitung. Die Grundspirale wird aus 0,45 mm Draht gedreht, auf 0,7-mm-Draht aufgezogen und zur einfachen Spirale gedreht. Die Anzahl der benötigten Spiralen richtet sich nach der Kettenlänge, die Sie haben möchten. Sind die Spiralen fertig, schieben Sie sie auf den 1,2-mm-Draht und arbeiten an beiden Seiten Ösen. Genauso bei den Katzenaugen. Dann verbinden Sie die Teile und arbeiten den Verschluss ein.

Goldblaue Kette mit Sicherheitsnadeln

Material

- 10 Sicherheitsnadeln in Gold
- Perlen, 4 mm und 6 mm, in Gold
- Rocailles in Gold und Blau
- Stiftperlen, 1,2 mm, in Blau
- Quetschperlen
- Nylon coated in Gold
- Verschluss

Anleitung

Fädeln Sie Rocailles in bunter Reihenfolge auf 0,45-mm-Draht auf und arbeiten 10 Grundspiralen mit 2 cm Länge. Spiralen auf die Sicherheitsnadeln ziehen und diese gut verschließen. Zwei Stücke Nylon coated in je 60 cm Länge abschneiden. Die Ringe der Nadeln im Wechsel mit den 4-mm-Perlen auffädeln. Mit dem zweiten Draht die Verschlussseite im Wechsel mit den 6-mm-Perlen auffädeln. Beide Seiten mit Quetschperlen fixieren. Dann werden auf den oberen Draht im Abstand von ca. 2 cm eine Quetschperle, eine blaue Rocaille, eine goldene Rocaille aufgefädelt. Darauf achten, dass der Übergang von zwei auf einen Draht links und rechts gleichmäßig ist. Wieder mit Quetschperlen fixieren. Der Rest der Kette wird mit den Stiftperlen, mit Rocailles und Goldperlen bestückt. Wenn Sie Zwischenräume haben möchten, fixieren Sie die Perlen mit Quetschperlen auf Abstand.

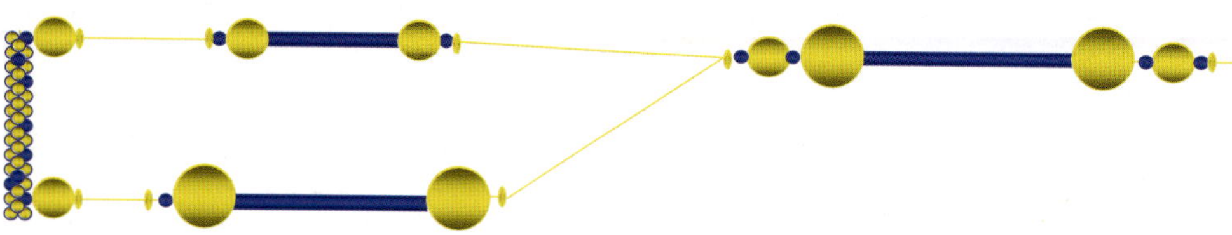

Die Farbe Lila

Kette mit Rohrperlen und Rocailles

Material
- Draht, 1,2 mm, in Lila
- Draht, 0,7 mm, in Dunkelrot
- Rocailles und Rohrperlen in Lila opak irisierend
- Gummiband, 0,8 mm, transparent

Anleitung
Die Rocailles werden auf den 0,7 mm starken Draht aufgefädelt.

Daraus werden Spiralen von 2 cm Länge gedreht. Die Stiftperlen werden ebenfalls auf 0,7-mm-Draht gefädelt und gleichfalls zu 2 cm langen Spiralen gedreht.

Aus dem 1,2 mm starken Draht in Dunkelrot werden 1 cm lange Grundspiralen gedreht.

Die fertigen Spiralen werden dann in wechselnder Reihenfolge auf das Gummiband aufgefädelt und zum Schluss gut verknotet.

So oft wiederholen, bis die gewünschten Kettenlängen erreicht sind.

Haarspange

Material (für Haarspange und Kette)

- Draht, 0,7 mm, in Lila
- Draht, 1,2 mm, in Silber
- Rocailles in Pink, Lila opak irisierend und Silber
- Gummiband, 0,8 mm, transparent
- Haarspange

Anleitung

Für die Haarspange müssen Perlen auf 60 cm Länge auf den 0,7-mm-Draht in Lila aufgefädelt werden. Damit wird eine Grundspirale gedreht. Nehmen Sie den dicken Stift des Winders, ziehen Sie die Grundspirale auf den 1,2-mm-Draht, und drehen Sie damit die nächste Spirale. Diese nähen Sie anschließend auf die Haarspange auf.

Kette

Anleitung

Für die Kette werden Perlen in beliebiger Farbreihenfolge auf 0,7 mm starken Draht in Lila aufgefädelt. Daraus werden dann 3 cm lange Spiralen gedreht. Aus dem 1,2-mm-Silberdraht werden Grundspiralen mit 1 cm Länge gearbeitet. Fädeln Sie im Wechsel die Spiralen auf das Gummiband und verknoten es gut. Die Länge der Kette bestimmen Sie durch die Anzahl der Spiralen.

Kette mit Katzenaugen

Material

- Ready-Wire-Spiralen in Silber
- Katzenaugenperlen, 6 und 8 mm, in Lila
- Nylon coated
- Verschluss

Anleitung

Die Spiralen und Perlen im folgenden Wechsel auffädeln: Perle, 6 mm, Ready-Wire-Spirale, Perle, 8 mm, Ready-Wire-Spirale, Perle, 6 mm und so weiter, bis die gewünschte Länge erreicht ist. Am Ende den Verschluss einarbeiten.

Blue System

Blausilberne Kette

Material
- Draht, 0,45 mm, in Silber
- Ready-Wire-Spiralen in Blau
- Perlen, 6 mm, in Weiß/Frost
- Nylon coated in Silber
- Verschluss

Anleitung
Arbeiten Sie 2 Grundspiralen mit dem silbernen Draht, die jeweils so lang werden müssen, dass sie die Länge vom Verschluss bis zum ersten Ready-Wire überbrücken können. Außerdem benötigen Sie 3 Grundspiralen mit 2 cm Länge.

Ziehen Sie die Ready-Wire-Spirale vorsichtig etwas auseinander, und schieben Sie die weißen Perlen hinein. Nun fädeln Sie in folgender Reihenfolge: Lange Spirale, Ready-Wire-Spirale mit Perle, kurze Spirale, Ready-Wire-Spirale mit Perle und so weiter. Zum Schluss kommt eine lange Spirale. Dann wird der Verschluss eingearbeitet.

1 x wiederholen

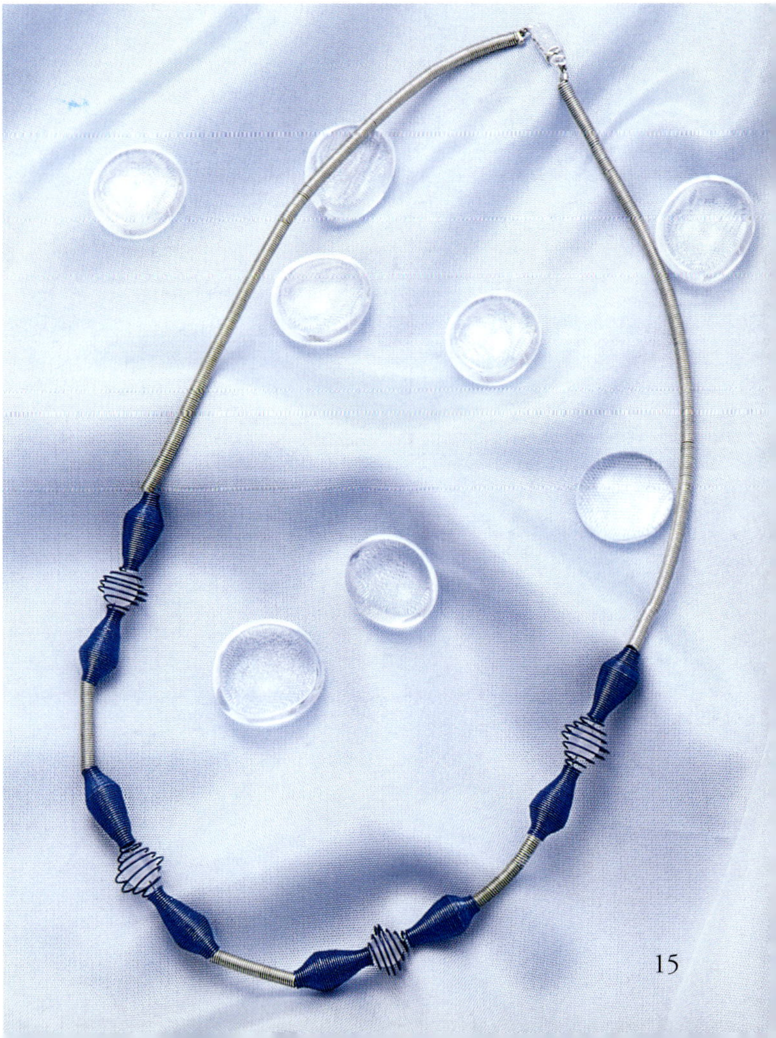

Alles in Brombeer

Spiralarmband

Muster fortsetzen, bis das Armband gefüllt ist.

Material

- Spiralarmband
- Draht, 0,45 mm, in Lila
- Rocailles in Brombeer, matt rainbow

Anleitung

Aus dem 0,45-mm-Draht werden 30 Grundspiralen von je 1,5 cm Länge gearbeitet. Davon wird die Hälfte zu einfach gedrehten Spiralen weiterverarbeitet.
Nun ziehen Sie im Wechsel auf das Spiralarmband 10 Rocailles, eine Grundspirale, 10 Rocailles, eine sehr kurze, einfach gedrehte Spirale, 10 Rocailles und so weiter auf. Am Ende biegen Sie am Armband eine Öse.

Ohrringe

Material

- Draht, 0,45 mm, in Lila
- Ohrhänger
- Rocailles in Brombeer, matt rainbow

Anleitung

Aus dem lila Draht wird je eine Grundspirale von 0,5 cm und 1,5 cm Länge gearbeitet. Aus dem längeren Stück wird eine einfach gedrehte Spirale gemacht. Auf ein 15 cm langes Stück lila Draht werden 10 Rocailles, eine einfach gedrehte Spirale und wieder 10 Rocailles aufgefädelt. Auf beide Drahtenden werden noch einmal 2 Rocailles und eine Grundspirale aufgefädelt. Die Drahtenden werden gut miteinander verdreht und ein Aufhänger aus einem Stück gebogen. Den Rest des Drahtes ziehen Sie durch die Spirale und durch die Perlen wieder zurück und kneifen ihn dann ab.

Kette

Material

- Draht, 0,45 mm und 0,7 mm, in Lila
- Rocailles in Brombeer, matt rainbow irisierend
- Nylon coated in Silber
- Verschluss

Anleitung

Fädeln Sie die Rocailles auf den 0,4-mm-Draht, und drehen Sie 2 cm lange Spiralen. Mit dem 0,45-mm-Draht werden 3 cm lange Grundspiralen gearbeitet und daraus dann mit 0,7-mm-Draht einfach gedrehte Spiralen

gefertigt. Nun wird folgendermaßen auf das Nylonband aufgefädelt:
5 Perlen, 2 cm Grundspirale, 5 Perlen, einfach gedrehte Spirale und wieder 5 Perlen. Wenn die gewünschte Länge erreicht ist, arbeiten Sie den Verschluss ein.

Enorm in Form

Kette mit Dreiecken

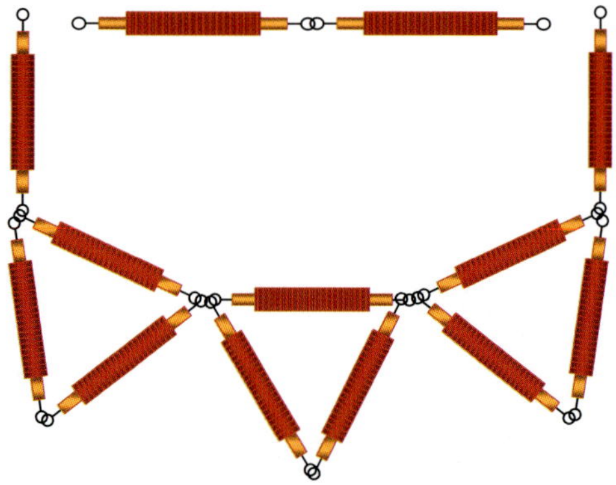

Material
- Draht, 0,45 mm, in Dunkelrot
- Draht, 0,7 mm, in Kupfer
- Draht, 1,2 mm, in Lila
- Verschluss

Anleitung
Drehen Sie mit dem 0,45-mm-Draht Grundspiralen von 7 cm Länge. Diese ziehen Sie dann auf den kupferfarbenen 0,7-mm-Draht und arbeiten einfach gedrehte Spiralen daraus. Mit dem 1,2-mm-Draht in Lila arbeiten Sie die Spiralen dann auf Ösen. Aus den Spiralen mit den Ösen verbinden Sie anschließend Ihre Kette in gewünschter Länge. Achten Sie darauf, dass Sie eine ungerade Zahl an Spiralen haben. Wenn Sie die Kette soweit fertig haben, benötigen Sie noch einmal 6 einfach gedrehte Spiralen. Arbeiten Sie diese wieder mit Ösen. An der mittleren Spirale der Kette setzen Sie das erste Dreieck an. Dafür war die ungerade Zahl der Spiralen wichtig, damit das Dreieck in die Mitte der Kette fällt. Jetzt arbeiten Sie mit den anderen vier Spiralen links und rechts von dem ersten Dreieck je ein weiteres Dreieck ein. Versehen Sie die Kette am Ende mit einem Verschluss.

Kette mit drei Knoten

Material
- Draht, 0,45 mm, in Silber und Dunkelrot
- Draht, 1,2 mm, in Dunkelrot
- Verschluss

Anleitung
Mit dem 0,45 mm starken Draht drehen Sie vier Grundspiralen mit einer Länge von je 7 cm. Arbeiten Sie aus diesen Grundspiralen einfach gedrehte Spiralen mit dem 0,7-mm-Draht in Silber. Nun benötigen Sie zwei Grundspiralen aus dunkelrotem Draht in 0,45 mm Stärke und 14 cm Länge. Ziehen Sie diese auf den Kupferdraht, und arbeiten Sie wieder einfach gedrehte Spiralen. Diese kommen dann auf den 0,7 mm starken Silberdraht und werden zu zweifach gedrehten Spiralen weiter verarbeitet.
Jetzt drehen Sie eine Grundspirale aus 0,45 mm starkem Silberdraht auf 14 cm Länge. Ziehen Sie diese

auf den 0,7 mm starken dunkelroten Draht, und arbeiten Sie wieder eine einfach gedrehte Spirale. Nun nehmen Sie den 0,7 mm starken Kupferdraht und drehen eine zweifach gedrehte Spirale. Mit dem 0,7 mm starken Silberdraht arbeiten Sie noch eine von der Länge der Kette abhängige Zahl Grundspiralen in je 1,5 cm Länge.

Alle Teile werden jetzt mit Ösen, die aus dem 1,2-mm-Draht in Dunkelrot gearbeitet werden, miteinander verbunden. Nun arbeiten Sie nur noch den Verschluss ein.

Kette mit fünf offenen Spiralen

Material
- Draht, 0,45 mm, in Silber
- Draht, 0,7 mm, in Kupfer
- Draht, 1,2 mm, in Silber
- Verschluss

Anleitung

Als Erstes arbeiten Sie 5 offene Spiralen, wie in der Grundanleitung S. 7/8. Fangen Sie mit fünf Grundspiralen aus 0,45 mm starkem Silberdraht an. Jede Spirale sollte 7 cm lang werden. Drehen Sie aus demselben Draht eine 3 cm lange Grundspirale, ziehen Sie diese aber nicht vom Stift ab. Schieben Sie eine der 7 cm langen Grundspiralen auf den 0,7 mm starken Kupferdraht, und beginnen Sie mit vier Schlägen. Drehen Sie die Spirale locker um den Stift und beenden Sie wieder mit 4 Schlägen. Sollte die offene Spirale nicht in Form sein, können Sie sie noch mit der Hand biegen.

Diesen Arbeitsgang wiederholen Sie fünfmal.

Mit dem 0,7 mm starken Kupferdraht arbeiten Sie noch 1,5 cm lange Grundspiralen. Die fertigen Teile ziehen Sie auf den 1,2 mm starken Silberdraht auf und biegen Ösen. Verbinden Sie jetzt alle Teile miteinander, und arbeiten Sie den Verschluss ein.

Regenbogen

Spiralarmband

Material

- Draht, 0,45 mm, in Gold
- Draht, 1,2 mm, in Gold
- Rocailles, 4mm, bunte Mischung
- Spiralarmband

Anleitung

Fädeln Sie die Rocailles auf den 0,45 mm starken Draht und drehen 3 cm lange Spiralen. Mit dem 1,2 mm starken Draht drehen Sie 1 cm lange Grundspiralen. Die beiden verschiedenen Spiralen fädeln Sie auf dem Spiralarmband auf und am Ende biegen Sie eine Öse.

Haarspange mit Stiftperlen

Material

- Stiftperlen, bunte Mischung
- Haarspange, 8 cm lang
- Heißkleber

Anleitung

Für die Haarspange benötigen Sie 11 Spiralen mit Stiftperlen. Sie werden dann mit Heißkleber oder Silikon-Kleber an der Haarspange festgeklebt.

Kette mit bunten Rocailles

Material
- Draht, 0,45 mm, in Gold
- Draht, 1,2 mm, in Gold
- Rocailles, 4 mm, bunte Mischung
- Nylon coated in Gold
- Verschluss

Anleitung
Die Kette wird wie das Armband gearbeitet. Die beiden verschiedenen Spiralen werden auf das Nylonband aufgefädelt und am Ende arbeiten Sie den Verschluss ein.

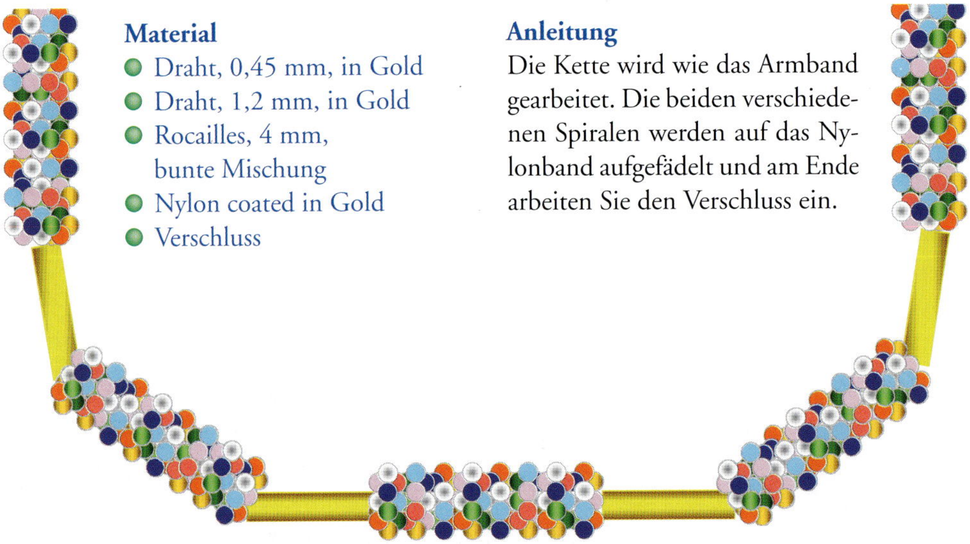

Kette mit bunten Stiftperlen

Material
- Draht, 0,45 mm, in Gold
- Draht, 1,2 mm, in Gold
- Stiftperlen, 0,5 mm, bunte Mischung
- Nylon coated in Gold
- Verschluss

Anleitung
Die Stiftperlen werden auf dem 0,45 mm starken Draht aufgefädelt und zur Spirale gedreht.
Bei den Stiftperlen dürfen diese nicht zu stramm nach oben geschoben werden, da die Perlen sonst platzen können.

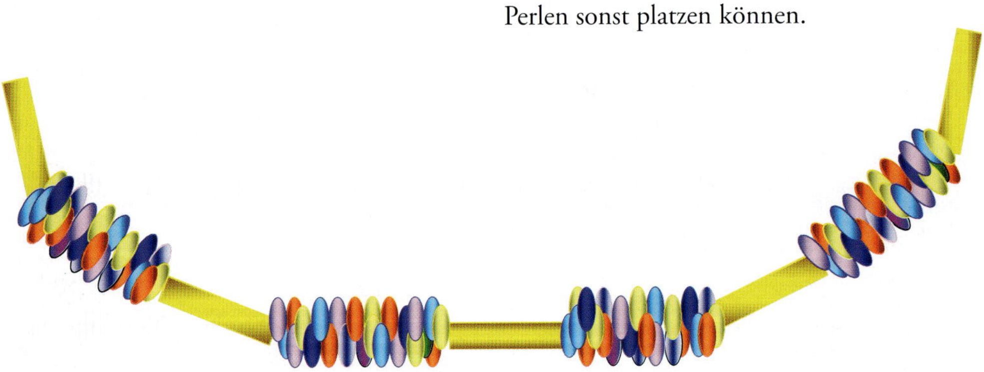

Irisch

Grüne Kette

Material

- Draht, 0,45 mm, in Grün
- Draht, 0,7 mm, in Grün
- Rocailles matt in Hellgrün, Dunkelgrün und Bernstein
- Nylon coated in Gold
- Verschluss

Anleitung

Fädeln Sie Perlen in bunter Reihenfolge auf den 0,45 mm starken Draht, und arbeiten Sie zwei Spiralen mit je 12 cm Länge und zwei Spiralen mit je 4 cm Länge. Jetzt fädeln Sie dunkelgrüne Perlen auf 0,45 mm starken Draht und arbeiten zwei 12 cm lange Spiralen. Das gleiche machen Sie mit den Perlen in Bernstein, jedoch wird nur eine Spirale benötigt.
Diese drei Spiralen arbeiten Sie dann mit dem 0,7 mm starken Draht zu einfach gedrehten Spiralen. Fädeln Sie die Spiralen dann auf den Nylon-Faden, wie auf dem Foto zu sehen. Zum Schluss knoten Sie den Verschluss an.

Grüne Kette mit Bernsteinknoten

Material

- Draht, 0,45 mm, in Grün
- Draht, 0,7 mm, in Grün
- Draht, 1,2 mm, in Gold
- Rocailles matt in Hellgrün, Dunkelgrün und Bernstein
- Verschluss

Anleitung

Drehen Sie aus dem 0,45 mm starken Draht Grundspiralen von 7 cm Länge. Ziehen Sie diese auf 0,7 mm starken Draht, und fertigen Sie einfach gedrehte Spiralen an. Arbeiten Sie dann dreimal 12 cm lange Perlenspiralen, und drehen Sie diese dann mit dem 0,7 mm starken Draht noch einmal. Verbinden Sie alles mit 1,2 mm starken Drahtösen.

Schneewittchen

Ohrringe

Material
- Draht, 0,45 mm, in Schwarz
- Ready-Wire-Spiralen
- Perlen

Anleitung
Drehen Sie 4 Grundspiralen mit dem 0,45-mm-Draht. Schneiden Sie 30 cm Draht ab, und bestücken Sie 10 cm davon mit Spiralen und Perlen. Am Ende verdrehen Sie beide Drahtstücke und ziehen 2 Spiralen auf. Mit dem Drahtstück biegen Sie einen Aufhänger und ziehen ihn dann zurück durch die letzten beiden Perlen. Den Rest kneifen Sie ab. Sie können die Ohrringe nach Belieben miteinander verdrehen.

Rote Kette

Material

- Draht, 0,45 mm, in Dunkelrot
- Draht, 0,7 mm, in Dunkelrot
- Frostperlen, 6 mm, in Weiß
- Frostperlen, 8 mm, in Dunkelrot
- Nylon coated in Silber
- Verschluss

Anleitung

Drehen Sie mit dem 0,45 mm starken Draht Grundspiralen von 7 cm Länge, und arbeiten Sie daraus mit dem 0,7 mm starken Draht einfach gedrehte Spiralen. Dies fädeln Sie dann in der folgenden Reihenfolge: Spirale, weiße Perle, dunkelrote Perle, weiße Perle und Spirale. Wiederholen Sie diese Reihenfolge, bis die gewünschte Kettenlänge erreicht ist.

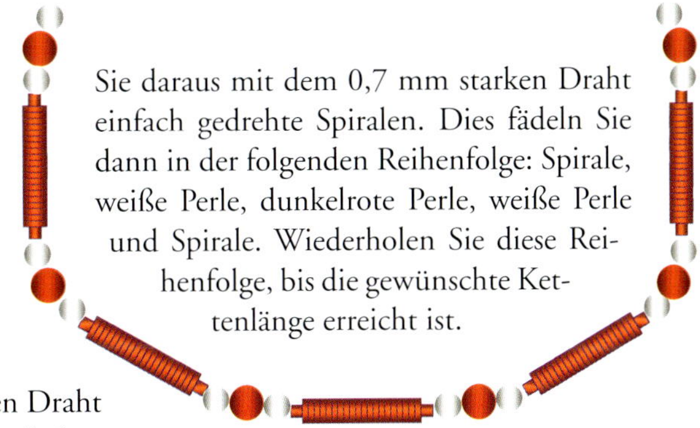

Rotweiße Kette mit schwarzen Sicherheitsnadeln

Material

- Draht, 0,45 mm, in Dunkelrot
- Rocailles, Frost/weiß
- Frostperlen, 4 mm und 6mm, in Weiß
- Frostperlen, 6 mm, in Rot
- Sicherheitsnadeln in Schwarz
- Nylon coated
- Verschluss

Anleitung

Bestücken Sie 6 Sicherheitsnadeln mit 9 weißen Rocailles und 7 Sicherheitsnadeln mit je einer weißen Rocaille, einer 4 mm dicken roten Perle, einer 6 mm dicken weißen Perle, einer 4 mm dicken roten Perle und einer weißen Rocaille. Kneifen Sie die Sicherheitsnadeln gut zu. Fädeln Sie auf den 0,45 mm starken Draht weiße Rocailles, und drehen Sie 2,5 cm lange Spiralen. Fädeln Sie die Sicherheitsnadeln mit dem Ringende auf den Nylonfaden mit je einer roten 4-mm-Perle dazwischen. Die Kette wird dann auf beiden Seiten gleich aufgefädelt: Eine weiße 4-mm-Perle, eine rote 6-mm-Perle, eine weiße 4-mm-Perle, eine Grundspirale mit Perlen und wieder von vorn.

Muster ja nach Kettenlänge wenigstens 5x wiederholen

13 Nadeln so bestücken

Armband Rot-Weiß-Schwarz

Material

- Gummiband, 0,8 mm, Schwarz
- Sicherheitsnadeln in Schwarz
- Rocailles, Frost/weiß
- Rohrperlen in Dunkelrot
- Frostperlen, 4 mm in Weiß und Dunkelrot

Anleitung

Bei dem Armband benötigen Sie eine gerade Anzahl an Sicherheitsnadeln (bei schlanken Armen ca. 40 Stück). Eine Hälfte wird mit je 9 Rocailles bestückt. Auf die andere Hälfte kommen je 3 Rocailles, eine dunkelrote Rohrperle und 3 Rocailles. Beim Auffädeln der Sicherheitsnadeln nehmen Sie im Wechsel je eine rote und eine weiße Frostperle als Abstand auf. Achten sie darauf, dass Sie die Sicherheitsnadeln einmal am Ringende und einmal am Verschluss auffädeln.

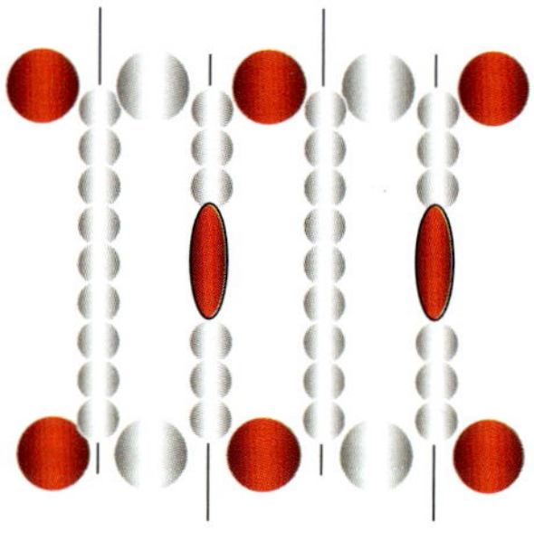

Cool Blue

Silberblaue Kette mit Katzenaugen

Material

- Draht, 0,45 mm, in Silber
- Draht, 0,7 mm, in Silber
- Katzenaugenperlen, 8 mm, in Hellblau
- Nylon coated
- Verschluss

Anleitung

Mit dem 0,45 mm starken Draht drehen Sie eine 7 cm lange Grundspirale. Diese ziehen Sie auf 0,7 mm starken Draht und arbeiten einfach gedrehte Spiralen daraus. Spiralen und Perlen werden dann im Wechsel aufgefädelt und am Ende der Verschluss angeknotet.

Ready-Wire-Kette

Material

- Ready-Wire-Spiralen
- Frostperlen, 8 mm, in Blau
- Rohrperlen, klar
- Nylon coated
- Verschluss

Anleitung

Alle Teile werden in folgendem Wechsel aufgefädelt:
Blaue Perle, Rohrperle, Ready-Wire-Spirale und wieder von vorn. Das wird so oft wiederholt, bis die gewünschte Länge erreicht ist.
Knoten Sie den Verschluss an.

Kette mit Sicherheitsnadeln

Material

- Draht, 0,45 mm, in Silber
- 13 Sicherheitsnadeln, in Silber
- Rocailles in Weiß
- Frostperlen, 4 mm und 6 mm, in Blau
- Ready-Wire-Spiralen
- Nylon coated
- Verschluss

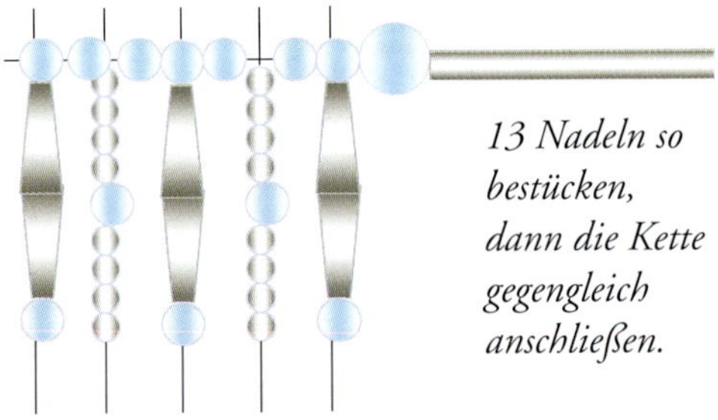

13 Nadeln so bestücken, dann die Kette gegengleich anschließen.

Anleitung

Bestücken Sie sieben Sicherheitsnadeln mit je einer blauen 4-mm-Perle, einer Ready-Wire-Spirale und einer blauen 4-mm-Perle. Die anderen 6 Sicherheitsnadeln werden mit je 4 Rocailles, einer blauen 4-mm-Frostperle und 4 Rocailles bestückt. Drehen Sie dann aus dem 0,45-mm-Draht zwei Grundspiralen mit 15 cm Länge. Beim Auffädeln gehen Sie durch die Ringenden der Sicherheitsnadeln. Am Anfang nehmen Sie eine blaue 6-mm-Perle, dann eine Sicherheitsnadel und zwischen die Sicherheitsnadeln eine 4-mm-Perle. Am Ende wieder eine 6-mm-Perle auffädeln. Ziehen Sie auf beiden Seiten der Kette die Grundspiralen auf, und knoten Sie den Verschluss zu.

Armband

Material

- Draht, 0,45 mm, in Silber
- 8 Sicherheitsnadeln
- Perle, 4 mm, in Blau
- Rocailles in Frost/weiß
- Nylon coated in Silber
- Verschluss

Anleitung

Bestücken Sie die Sicherheitsnadeln mit 4 Rocailles, einer blauen Perle und 4 Rocailles. Fädeln Sie die Sicherheitsnadeln auf zwei Nylonfäden auf, wobei zwischen die Sicherheitsnadeln eine 4-mm-Perle kommt. An allen vier Enden ziehen Sie eine 4-mm-Perle und 10 weiße Rocailles auf. Mit beiden Drahtstücken einer Seite fädeln Sie eine 4-mm-Perle auf. Auf dem 0,45-mm-Draht fädeln Sie weiße Rocailles auf und drehen zwei Spiralen von je 4 cm Länge. Diese Spiralen fädeln Sie auf den doppelten Draht. Zum Schluss kommt eine blaue 4-mm-Perle und der Verschluss.

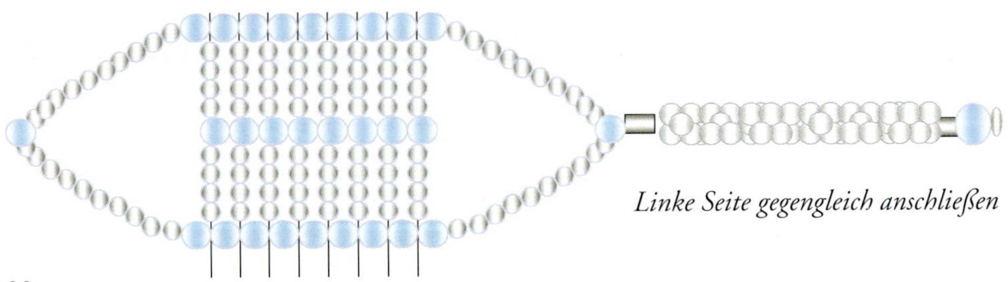

Linke Seite gegengleich anschließen

ENGLISCH VERLAG

kreativ

ISBN 3-8241-1063-8
Broschur, 32 Seiten

ISBN 3-8241-1094-6
Broschur, 32 Seiten

ISBN 3-8241-1095-4
Broschur, 32 Seiten

ISBN 3-8241-0792-9
Broschur, 32 Seiten

ISBN 3-8241-0956-5
Broschur, 32 Seiten

ISBN 3-8241-0991-3
Broschur, 32 Seiten

Lust auf Mehr?

Liebe Leserin, lieber Leser,
natürlich haben wir noch viele andere Bücher im Programm.
Gerne senden wir Ihnen unser Gesamtverzeichnis zu.
Auch auf Ihre Anregungen und Vorschläge sind wir gespannt.
Rufen Sie uns einfach an oder schreiben Sie uns.

Englisch Verlag GmbH
Postfach 2309 · 65013 Wiesbaden
Telefon 06 11/9 42 72-0 · Telefax 06 11/9 42 72 30
E-Mail info@englisch-verlag.de
Internet http://www.englisch-verlag.de